Onze contos para encontros, reencontros e reflexões

Dados Internacionais de Catalogação na Publicação (CIP)
(Câmara Brasileira do Livro, SP, Brasil)

Montenegro Júnior, Luciano
  Onze contos para encontros, reencontros e reflexões : um guia cristão para aprimoramento pessoal e profissional / Luciano Montenegro Júnior. – São Paulo : Paulinas, 2019. – (Coleção diálogo)

  ISBN 978-85-356-4524-8

  1. Contos 2. Desenvolvimento pessoal 3. Discernimento (Teologia cristã) 4. Ética cristã 5. Fé 6. Mensagens 7. Reflexões 8. Relações interpessoais 9. Valores (Ética) 10. Vida profissional I. Título. II. Série.

19-26559   CDD-248

Índice para catálogo sistemático:

1. Aprimoramento pessoal e profissional : Atitudes éticas e valores cristãos : Contos para refletir : Guias de vida cristã   248

Maria Paula C. Riyuzo - Bibliotecária - CRB-8/7639

1ª edição – 2019

Direção-geral: *Flávia Reginatto*
Editora responsável: *Andréia Schweitzer*
Copidesque: *Mônica Elaine G. S. da Costa*
Coordenação de revisão: *Marina Mendonça*
Revisão: *Ana Cecilia Mari*
Gerente de produção: *Felício Calegaro Neto*
Diagramação: *Jéssica Diniz Souza*
Foto de capa: *Depositphotos – © denisismagilov*

Nenhuma parte desta obra poderá ser reproduzida ou transmitida por qualquer forma elou quaisquer meios (eletrônico ou mecânico, incluindo fotocópia e gravação) ou arquivada em qualquer sistema ou banco de dados sem permissão escrita da Editora. Direitos reservados.

Paulinas
Rua Dona Inácia Uchoa, 62
04110-020 – São Paulo – SP (Brasil)
Tel.: (11) 2125-3500
http://www.paulinas.com.br / editora@paulinas.com.br
Telemarketing e SAC: 0800-7010081

© Pia Sociedade Filhas de São Paulo – São Paulo, 2019

Luciano Montenegro Júnior

Onze contos para encontros, reencontros e reflexões

UM GUIA CRISTÃO PARA APRIMORAMENTO
PESSOAL E PROFISSIONAL

Fazer o que Ele diz
será sempre a melhor decisão.

Sumário

Apresentação 9

Oração pedindo o dom do discernimento 13

Introdução 17

1. A dona do sol 21

2. A maratona 29

3. Entrevista de emprego 39

4. A capela do colégio 49

5. Cliente dos sonhos 59

6. O martelo 67

7. Árvore de moedas 77

8. Rede de contatos 87

9. O elefante diferente 95

10. O mercado 105

11. O músico 115

Uma palavra a mais 123

Apresentação

Experimentamos um mundo de correria e agitação em excesso. Muitos têm pressa, não sabendo bem para quê. No campo profissional, isso também tem ficado cada vez mais evidente. Corre-se muito, grita-se muito e alcançam-se resultados pouco consistentes, mascarados sob a perspectiva da ética e da perpetuidade.

A ganância desenfreada vem destruindo reputações de instituições e pessoas. A ambição imediatista e sem limites, mesmo sendo capaz de gerar prazeres momentâneos, tem tirado a paz de muitos.

Confusões são plantadas em nossa cabeça, numa carga de informações distorcidas sobre como ser bem-sucedido e feliz, em que valores são deixados de lado e a dignidade humana é jogada para segundo plano. Em nome do possuir e do poder a qualquer custo, vemos pessoas, famílias e sociedades se deteriorando, afastando-se umas das outras e de Deus.

Parece que lutar pelo que é nobre ficou fora de moda. É como se fazer o certo e praticar o bem, em qualquer lugar e circunstância, não mais conviessem nos dias de hoje.

Experimentamos as consequências desastrosas da falta de ética, numa inversão absurda de percepção entre certo e errado, bem e mal.

O mundo empresarial tem investido fortunas na busca de padrões éticos. Muito se gasta em treinamentos, códigos e manuais de conduta acerca do assunto – e isso é importante –, mas vale lembrar que, de forma bem mais simples e econômica, qualquer pessoa, consistentemente introduzida nos ensinamentos cristãos, é capaz de discernir o certo do errado, o ético do antiético, o bom caminho a seguir da conduta reprovável.

Muitos aceitam a afirmativa de que todos têm um preço. Isso não é verdade! Como cristãos, sabemos que isso não procede. Pode ser uma cômoda justificativa para cometimento de atos impuros, mas fica longe de ser uma verdade. Nada paga a eterna felicidade de estar em comunhão com Deus.

Jesus Cristo pagou caro por nossa comunhão com Deus! Ele pagou com o próprio sangue. E não há dinheiro nem qualquer bem material no mundo que valha sequer uma gota do seu preciosíssimo sangue, para que joguemos pela janela a nossa dignidade de filhos de Deus.

Não nos podemos deixar confundir. Temos de crescer na graça do discernimento!

Precisamos estar atentos e, através de nossa conduta – com ânimo –, ser e espalhar a luz de Cristo sobre aqueles que encontramos pelo caminho.

Ele nos garante:

> Vós sois o sal da terra. Se o sal perde o sabor, com que lhe será restituído o sabor? Para nada mais serve senão para ser lançado fora e calcado pelos homens. Vós sois a luz do mundo. Não se pode esconder uma cidade situada sobre uma montanha nem se acende uma luz para colocá-la debaixo do alqueire, mas sim para colocá-la sobre o candeeiro, a fim de que brilhe a todos os que estão em casa. Assim, brilhe vossa luz diante dos homens, para que vejam as vossas boas obras e glorifiquem vosso Pai que está nos céus (Mt 5,13-16).

Este livro é um convite a reflexões, utilizando-se de contos simples, mas marcantes, e dicas de Jesus para lidarmos com situações cotidianas, servindo de inspiração para trilharmos, firmes, o caminho do bem e, como autênticos representantes de Cristo, sermos também a sua luz a iluminar o caminho daqueles que convivem conosco.

Que este livro possa nos ajudar a crescer no discernimento de Jesus e que, nas estradas da vida, as pessoas que se aproximarem de nós sintam-se um pouco mais perto de Deus.

Oração pedindo o dom do discernimento

Pai Santo, hoje venho pedir tua ajuda para que eu possa exercitar o dom do discernimento. Tenho decisões a tomar, situações a avaliar e desejo fazer tudo isso em concordância contigo. Sei que tua vontade é o melhor para minha vida, mas nem sempre sou capaz de compreendê-la imediatamente. Por isso, peço que o teu Espírito Santo ilumine minha mente e meu coração, a fim de que eu veja cada acontecimento no meu dia a dia segundo o teu olhar.

Pai, tua Palavra me diz que "todas as coisas cooperam para o bem daqueles que amam a Deus" (Rm 8,28). Peço-te, portanto, que me ajudes a reconhecer o bem que possa haver escondido nas circunstâncias do dia de hoje. Não me deixes desanimar diante de nenhum obstáculo, mas ajuda-me a aprender algo valioso diante de cada um deles. Que minha postura diante da vida não seja desesperançada, mas que eu me comporte sempre como alguém que tudo vê com os olhos da fé.

Senhor, nas decisões e conflitos deste dia, que eu não aja de maneira precipitada ou medrosa. Dá-me a graça de perceber o que é do teu agrado, o que me mantém na estrada da comunhão contigo e o que, porventura, possa afastar-me de ti. Essa seria a pior de todas as escolhas! Por isso, dá-me um coração e uma mente atentos para perceber as consequências e os desdobramentos de minhas atitudes. Dá-me a graça de não ser movido por impulsos, mas pelo teu Espírito Santo. Dá-me prudência, sem, contudo, deixar-me levar pelo comodismo ou pela insegurança. Que eu seja equilibrado e conduzido pela doce e firme mão do teu Filho Jesus.

Que ao longo deste dia, aonde quer que a tua providência me leve, eu tenha a clara e constante direção do teu Espírito Santo. Que eu não seja cegado por orgulho ou vaidade de nenhuma espécie, mas que possa avaliar tudo segundo os teus critérios. Que eu avance no caminho que me conforma à tua vontade e aos teus propósitos para a minha vida. Que eu me afaste de qualquer atalho que me leve para longe da tua presença.

Tudo isso te peço, em nome de Jesus Cristo, teu Filho, meu Senhor, que me ensinou a orar pedindo que se faça não a minha, mas a tua vontade, que é santa, agradável e perfeita. Amém.

PE. ANTONIO JOSÉ
Pregador, escritor, diretor espiritual da Renovação
Carismática Católica da Arquidiocese do Rio de Janeiro.
Pároco da Paróquia Nossa Senhora de Fátima, no Méier (RJ).

Introdução

Esta obra tem como base a preciosa dica de Nossa Senhora para nós: "Fazei o que ele vos disser!". Como os serventes nas bodas de Caná (Jo 2,5-8), devemos fazer o que Jesus nos diz para ser feito.

Já havia começado a escrever este livro quando esta Palavra tocou forte no meu coração para que fosse seu alicerce: "Faça o que ele diz!".

Podemos, em diversos momentos de nossa vida, também nos colocar na condição dos serventes das bodas de Caná, ouvindo Nossa Senhora a nos dizer: "Façam o que ele diz!".

Os serventes talvez não entendessem – ou mesmo achassem impossível – que, para dar jeito à desconfortável falta de vinho, deveriam escutar alguém que lhes dizia para encher talhas com água. Mas eles fizeram o que lhes foi pedido. Ouviram e realizaram o que lhes estava sendo solicitado e ao alcance deles; o resto – o impossível – foi com Jesus.

É bem provável que, se tivessem desanimado por ouvir eventuais pessoas dizendo coisas do tipo: "Estão doidos! Isto é perda de tempo"; "Vocês têm é que arrumar dinheiro rapidamente e comprar mais vinho"; "Não há tempo para dar atenção a isso", não teriam contemplado aquela graça de Deus.

Também experimentamos o que aqueles serventes experimentaram. Hoje, passados dois mil anos, sabendo que ali estava Deus, ainda assim questionamos: "Mas será mesmo, Jesus, que é esse o caminho que devo seguir?"; "Tem certeza, Jesus, que é assim que devo proceder?"; "Jesus, outros têm agido diferente e parece que está dando certo. Será que não devo desviar-me também pelo menos um pouquinho?".

Experimentamos o mundo a nos mostrar caminhos bem atrativos, aparentemente mais fáceis e cômodos, mas ainda assim devemos fazer o que ele nos pede, seguindo pelo caminho indicado por ele.

Jesus não nos diz que o caminho que ele abre é o mais curto e que não haverá sofrimento no percurso, mas nos garante que é o melhor. Sigamos por ali, fazendo o que ele diz!

Mas, para fazermos o que ele diz, é preciso primeiro ouvir sua voz, estando atentos e próximos, para assim saber o que deseja que façamos. Não podemos deixar que a gritaria e a agitação do mundo nos tornem surdos à Palavra de Deus. Reconhecendo a voz de Jesus, o próximo passo é realizar o que ele nos pede. É preciso saber ouvir e praticar.

Os capítulos a seguir contêm contos simples e leves – mas de profundo valor para reflexões – e ensinamentos de Jesus para lidarmos da melhor forma com situações vivenciadas no nosso cotidiano, apontando atitudes éticas e reforçando valores cristãos, para que contribuam com nosso discernimento e possibilitem que tomemos decisões saudáveis a eventuais acertos de rumo e compartilhemos as descobertas com aqueles de nosso convívio.

Todos os contos, embora fictícios, trazem informações de onde se passam, com características reais das localidades.

Este livro terá atingido seu objetivo se contribuir para que você possa, através da leitura e da prática no dia a dia, municiado do discernimento de Cristo, dizer para si próprio e para as pessoas ao seu redor: "Como é bom fazer o que ele diz!".

Boa leitura, excelente prática!

Deus o abençoe.

1

A dona do sol

(Em Annecy, França)

Palavras-chave: Ganância, Riqueza, Poder

Na região montanhosa e nevada dos Alpes italianos, havia um médio povoado, tendo o majestoso Mont Blanc como pano de fundo do exuberante cenário. Nele, habitava um comerciante que se intitulava rei, com forçada concordância das pessoas dele dependentes. Quanto mais o rei tinha, mais queria ter, não lhe importando a forma de acumular bens; nada detinha sua sede por possuir. E, assim, adquiria tudo o que podia, de forma lícita ou não, a ponto de muitos dependerem dele para quase tudo. Padarias, mercados, hospedarias, centro médico, terras para plantio, tudo pertencia ao rei.

Ele se envaidecia do poder adquirido e da estima – um tanto quanto artificial – que o povo tinha por ele. Acreditava que possuía o domínio sobre tudo e todos. Até mesmo a felicidade do povo – acreditava ele – vinha das festas que promovia em sua imensa residência. Como centro das atenções, gabava-se por ditar a vida do povo.

Já detentor de todas as propriedades de seu povoado, o rei resolve dar passos ainda maiores. Decide adquirir bens do outro lado dos Alpes, na bela cidade francesa de Annecy. E pretendia iniciar as compras de forma marcante, pelo belo Palácio da Ilha. Isso lhe daria *status* e aumentaria a estima do povo pelo rei, pensava ele.

Já chegando a Annecy para fazer a oferta de compra, o rei vê uma jovem correndo à beira do lago, contemplando flores que brotavam no campo. Acha aquilo curioso e, não entendendo bem a alegria da moça, pede aos empregados que parem sua luxuosa liteira. Desce dela e pergunta à jovem por que estava tão feliz; o que ela possuía para estar satisfeita daquele jeito. Ela diz que tem o sol, e que sua luz permite-lhe se encantar com a beleza do verde cristalino do lago e das vivas cores das flores de Annecy.

Franzindo o rosto e visivelmente incomodado, o rei rapidamente se põe a pensar que de nada adiantaria investir fortunas em novas aquisições se alguém se contenta com o sol que tem. E se outros se contentassem com tão pouco como aquela jovem, como ficaria seu poder?

Reúne, então, seus conselheiros e imediatamente ordena que providenciem a compra do sol, custe o que custar. Cabisbaixos e meio sem coragem de dar uma negativa ao rei, os conselheiros o informam timidamente que não era possível comprar o sol. O rei fica irritado, esbraveja e bate fortemente com os punhos na mesa, pois como não seria isso possível com toda a fortuna que tinha? Se aquela pobre jovem tinha o sol, não seria possível que ele, rico e poderoso, não pudesse comprá-lo.

O rei, ansioso e irritado, vai pessoalmente a um novo encontro com a jovem e pergunta-lhe qual era o preço do sol, acrescentando que estava disposto a pagar-lhe uma fortuna por ele. Sorridente e com o coração leve, a jovem diz que seu sol não estava e nunca estaria à venda, mas que ele poderia usufruir igualmente de sua luz sempre que desejasse.

Decepcionado e triste, o rei volta pensativo para sua terra, com duas perguntas tirando-lhe a paz: como alguém poderia contentar-se em ter somente o sol e como ele haveria de ser feliz, se não podia comprá-lo?

Quanto mal tem-se produzido em função da ganância pelo ter e pelo poder!

Muitas vezes, a ilusão de que é o acúmulo de riqueza material que nos traz felicidade acaba por tirar-nos a paz, gerando agitação e angústia no coração, até mesmo nos afastando das pessoas que nos são caras e de Deus.

O terreno que recebeu a semente entre os espinhos representa aquele que ouviu bem a palavra, mas nele os cuidados do mundo e a sedução das riquezas a sufocam e a tornam infrutuosa (Mt 13,22).

Explicando a seus discípulos a parábola do semeador, Jesus diz que as preocupações do mundo e a ilusão da riqueza podem sufocar aquilo que Deus planta em nosso coração.

Há ocasiões em que nos desgastamos de forma desnecessária, preocupando-nos exageradamente com o ter e o poder. Somos levados a um estado de inquietação que nos tira a paz interior. Muitas vezes atribuímos o estresse à agitação do mundo moderno, sem perceber que essa agitação pode estar sendo originada por nós mesmos, em nosso interior, através de uma forma desmedida e apressada de querer acumular riquezas materiais.

Por vezes, passamos a viver focados em necessidades que outros criam para nós, e não nas nossas próprias, e perdemos a tranquilidade em função de expectativas que não correspondem àquilo que de fato nos faz sentir bem.

O mundo muitas vezes nos faz acreditar que o valor das pessoas é diretamente proporcional à riqueza material que possuem, mas o verdadeiro valor não pode ser calculado pelo acúmulo de riquezas materiais, mas pela forma prazerosa de agir alinhada ao que Deus nos pede.

É preciso que saibamos lidar com aquilo que queremos conquistar, para não corrermos o risco de, em vez de possuirmos certos bens, esses bens passarem a nos possuir. Não podemos nos tornar reféns do desejo material, impedindo-nos de viver livremente as coisas de Deus. Muitos pensam que só serão felizes no dia em que possuírem determinados bens ou em que chegarem à determinada posição social ou profissional, e deixam de viver o presente em abundância com aquilo que têm hoje.

Há quem deseje de tal forma acumular riquezas, que acaba por sacrificar seu relacionamento com Deus e com aqueles que ele colocou em sua vida. Deseja alcançar algo de forma tão desenfreada, não medindo as consequências, que acaba se afastando de Deus, atropelando pessoas e esquecendo-se de valores cristãos, abrindo mão da dignidade de ser seu filho e da sua integridade com ele.

Nada se compara à nossa amizade com Deus. Tudo que o mundo diz que pode nos dar por caminhos errados, Deus é capaz de nos dar pelo caminho correto, pelo caminho aberto por ele. Se o preço de um objetivo for nosso afastamento da presença de Deus, esse preço será alto demais.

Deus sabe aonde devemos chegar e o que devemos alcançar. Ele se alegra com a prosperidade que conquistamos pelos caminhos construídos por ele. Leva-nos à conquista de nossos objetivos, sem que precisemos sujar as mãos, e por caminhos seguros, não sendo necessário que nos utilizemos de meios ilícitos ou de desonestidade para isso.

O caminho que Deus abre nem sempre será o mais fácil ou curto, mas será o melhor, e é por ele que devemos seguir. Os caminhos errados podem até encurtar a distância para a realização de sonhos, mas nos levam para longe de Deus.

Não nos desviemos! Sigamos na estrada de Jesus!

2

A maratona

(Em Região dos Lagos, Rio de Janeiro, Brasil)

Palavras-chave: Altruísmo, Imprevistos, Tomada de decisão

Tudo pronto para a largada da maratona da Região dos Lagos, no litoral norte do estado do Rio de Janeiro. Os corredores terão pela frente o percurso de quarenta e dois quilômetros de Araruama a Cabo Frio, passando por Iguaba Grande e São Pedro da Aldeia.

Da linha de início, na pista em frente à Praça Antônio Raposo, os corredores podem avistar a Lagoa de Araruama. O dia está lindo! As velas de algumas pequenas embarcações que já deslizam por sobre as águas dão um colorido especial ao cenário, contrastando com o azul da lagoa suavemente tocado pelos primeiros raios de sol.

Será dada a largada. Os competidores aguardam o tiro de início de prova.

Dentre os atletas, está Renato. Há muito tempo ele vem se preparando para essa prova. Treinos diários, dieta balanceada e boas noites de sono fazem parte de sua rotina para tentar realizar um sonho que busca faz cinco anos: vencer uma importante maratona.

Além de ser apontado como um dos fortes candidatos para vencer a prova, Renato tem outro motivo que o anima a chegar a Cabo Frio: sua irmã, seu cunhado e a primeira sobrinha, que ainda não conhece, tendo eles vindo do Canadá, onde moram, para passar férias exatamente em Cabo Frio.

Tiro dado e pé na estrada. Já no início de Iguaba Grande, os que aguardam os corredores em frente à Capela de Nossa Senhora da Conceição observam um grupo de cerca de quinze competidores bem destacados dos demais. Com 26 quilômetros de prova, na altura da Base Aérea da Marinha, em São Pedro da Aldeia, a diferença desses quinze para os demais competidores já é superior a um quilômetro.

Renato, que da Base Aérea até o Canal do Itajuru – já em Cabo Frio – vinha se revezando na liderança com dois outros atletas, sente-se bem para um pouco mais à frente, quando faltassem dois quilômetros para o final da prova, aumentar as passadas e tentar assumir a dianteira em definitivo.

Passando em frente à bela Praia das Dunas, Renato observa que estava fazendo o melhor tempo de sua vida, quase dois minutos a menos do que vinha conseguindo nos treinos. É hora de colocar em prática o plano para a reta final: aumenta as passadas e, por conseguinte, a velocidade. Chegou o momento do *sprint* final!

Mas algo imprevisível iria frustrar sua estratégia: Renato observa uma criança pequenina, aparentemente sem nenhum adulto por perto, aproximar-se do mar.

Nesse instante, ainda que concentrado na prova, preocupa-se com o que pode acontecer àquela criança. Entre vencer a prova e ficar na dúvida se uma criança corre risco de vida, ele desvia seu percurso, surpreendendo os fiscais da prova que estavam cerca de trezentos metros à frente.

Saindo da pista, Renato corre ainda mais rápido pela areia da praia em direção ao mar e, antes que a criança alcançasse a água, ele a pega nos braços. Sem localizar um responsável pela criança, ele a entrega a uma dupla de guardas municipais que encontra.

Retomando o percurso da prova, já era tarde demais para pensar em vitória. Quando os primeiros colocados já rompiam a faixa de chegada junto ao Forte, Renato ainda estava próximo à Praça das Águas, cerca de seiscentos metros atrás. Restou-lhe curtir a vista e a décima segunda colocação.

Ignorado pela multidão que fazia festa junto ao pódio, Renato observava de longe a alegria dos vencedores. Por instantes chegou a se questionar se havia de fato tomado a atitude correta.

Chateado com o que aconteceu, vai para o hotel recriminando a irresponsabilidade dos pais daquela criança. Como poderiam deixá-la a sós numa praia?

Depois de um sono revigorante logo após o almoço, Renato recebe a ligação de sua irmã e combinam de se encontrar para jantar num dos charmosos restaurantes do Boulevard Canal.

A alegria de poder reencontrar sua irmã, o cunhado e, principalmente, a sobrinha, ameniza a decepção que teve um pouco mais cedo.

Depois de os familiares se encontrarem e já durante as conversas no jantar, a irmã de Renato conta-lhe o susto por que passaram naquela manhã. Diz que a filha sumira enquanto realizavam o *check-in* na pousada onde estavam hospedados, mas que, felizmente, minutos depois foram informados de que a criança havia sido localizada pela guarda municipal, a quem seriam gratos pelo resto de suas vidas.

Nesse momento, Renato, contendo a emoção, reconhece a criança, e percebe que obteve uma vitória bem mais significativa do que a da maratona que ele esteve perto de vencer.

Cuidar dos outros é valorizar tesouros de Deus. Praticar o bem será sempre bom. Ainda que imperceptíveis ao mundo, boas ações serão sempre valorizadas.

> Porque tive fome e me destes de comer; tive sede e me destes de beber; era peregrino e me acolhestes; nu e me vestistes; enfermo e me visitastes; estava na prisão e viestes a mim. Perguntar-lhe-ão os justos: "Senhor, quando foi que te vimos com fome e te demos de comer, com sede e te demos de beber? Quando foi que te vimos peregrino e te acolhemos, nu e te vestimos? Quando foi que te vimos enfermo ou na prisão e te fomos visitar?". Responderá o Rei: "Em verdade eu vos declaro: todas as vezes que fizestes isto a um destes meus irmãos mais pequeninos, foi a mim mesmo que o fizestes" (Mt 25,35-40).

A todo instante temos oportunidades de ajudar as pessoas. Não importa se o mundo reconhece ou não o bem que praticamos. Não há por que titubear na hora de decidir sobre praticar o bem ajudando as pessoas que encontramos pelo caminho. A prática do bem será sempre opção correta e marca dos amigos de Jesus.

Muitas vezes, preparamo-nos com afinco e disciplina para atingir determinado objetivo, não nos faltando esforço e dedicação, mas pode ser que nem tudo saia exatamente como planejamos. Nem sempre nossas vontades coincidirão com os projetos de Deus para nossa vida. Nesses momentos, vale lembrar que – ainda que não entendamos como se dará – tudo concorre para o bem dos que amam a Deus.

Às vezes, temos de abrir mão do que realmente gostaríamos de fazer em função de prioridades inesperadas que acabam complicando nossa agenda, fazendo-nos abdicar de satisfazer nossas vontades pessoais em prol de ajudar outras pessoas.

> Os apóstolos voltaram para junto de Jesus e contaram-lhe tudo o que haviam feito e ensinado. Ele disse-lhes: "Vinde à parte, para algum lugar deserto, e descansai um pouco". Porque eram muitos os que iam e vinham e nem tinham tempo para comer. Partiram na barca para um lugar solitário, à parte. Mas viram-nos partir. Por isso, muitos deles perceberam para onde iam, e de todas as cidades acorreram a pé para o lugar aonde se dirigiam, e chegaram primeiro que eles. Ao desembarcar, Jesus viu uma grande multidão e compadeceu-se dela, porque era como ovelhas que não têm pastor. E começou a ensinar-lhes muitas coisas (Mc 6,30-34).

Mesmo tendo planejado com carinho um momento para estar a sós com seus amigos, para que pudessem descansar, Jesus, enxergando as necessidades de outras pessoas, tem compaixão delas, abre mão de sua agenda e começa a ensinar-lhes muitas coisas.

São nobres os atos de altruísmo. Preocupar-nos com as pessoas e ajudá-las sem esperar algo em troca, muitas vezes até mesmo à custa de sacrifícios pessoais, solidifica nossa comunhão com Deus.

Ter a capacidade de enxergar as necessidades das pessoas, mesmo quando estamos envolvidos em nossos projetos, é reparar naqueles que Deus coloca na nossa vida. Às vezes, ao olhar para as pessoas ao nosso redor e, sem que elas precisem verbalizar, perceber suas necessidades, podem-se abrir oportunidades de, através de pequenas ações, deixarmos a vida delas um pouco melhor.

Pequenos gestos feitos com o coração compassivo nos fazem bem e não passam despercebidos a Deus.

3

Entrevista de emprego

(Em Morelia, Michoacán, México)

Palavras-chave: Confiança, Integridade, Posicionamento

*M*omento de apreensão para Alejandro. Ele estava a poucos minutos de participar de uma entrevista para operador técnico em uma conceituada empresa da indústria financeira, que naquele momento inaugurava uma filial no estado de Michoacán.

Já habituado a trabalhar com serviços financeiros em Morelia, cidade onde nascera e fora criado frequentando missas na bela e histórica catedral da cidade, Alejandro sabia da importância daquela entrevista para galgar um emprego que lhe proporcionaria maior patamar de renda e melhores condições de vida para sua esposa e filhos.

Os entrevistadores pertenciam a uma empresa terceirizada, com *expertise* em recrutamento e seleção de pessoas. Previamente combinado com o CEO[1] da empresa contratante, os entrevistadores elencaram dois pontos de

---

[1] CEO – *Chief Executive Officer*: mais alto cargo executivo de uma empresa.

destaque na construção do perfil profissional que procuravam: conhecimento técnico e fidelidade à administração da companhia.

Iniciada a entrevista, num grupo de três entrevistadores e cinco entrevistados, destaca-se o conhecimento técnico de Alejandro e de mais um dos candidatos, mas havia apenas uma vaga disponível.

Quando colocaram à mesa uma das situações-problema em que se pretendia avaliar a fidelidade dos candidatos à administração, apresentaram uma situação hipotética em que a diretoria da empresa, depois de bem avaliar determinada negociação, julgara necessário passar informações inverídicas a certo cliente para fechamento de negócio que propiciaria importante retorno financeiro à companhia, complementando que, se a empresa não o fizesse, a concorrência o faria. E a pergunta era: você estaria alinhado com os dirigentes, acatando suas determinações?

Todos disseram, prontamente, que sim, excetuando-se Alejandro.

Ele estava ciente de que seu posicionamento poderia custar-lhe a vaga, mas também estava convicto de que a verdade deveria prevalecer. Deu consistência à sua discordância, alegando que deixar de merecer a confiança do cliente não seria benéfico para a empresa.

Isso foi o suficiente para que os entrevistadores, lamentando o posicionamento de Alejandro, que tão bem fora na parte técnica, decidissem pelo candidato que também havia se destacado naquela área e mostrara-se fiel, em qualquer circunstância, às determinações dos dirigentes.

Em momento de *feedback*[2] aos candidatos, um dos entrevistadores aconselha Alejandro a se reciclar, adaptando-se ao mundo moderno e acostumando-se à vida como ela é.

Alejandro regressou a Morelia, onde sua esposa e filhos, já sabedores do resultado, esperavam-no próximo à Fonte de Las Tarascas. Estava pensativo e chateado com a perda da oportunidade, mas convicto de que, mais do que aumento na renda, valia a preservação de seus valores e o exemplo para sua família.

Uma semana depois, o CEO da empresa se reúne com a equipe de entrevistadores. Esses lhe contam tudo o que se passara na entrevista e que acharam o profissional certo para a vaga de operador.

Mostrando-se satisfeito, o CEO concorda com a escolha para o cargo de operador técnico, porém, antes que a equipe de entrevistadores pudesse se retirar, ele diz, para

---

[2] Momento de *feedback*: momento em processos de seleção em que avaliadores passam sua percepção acerca do desempenho dos avaliados para os próprios avaliados.

surpresa dos presentes: "Quero que enviem uma carta de convocação ao rapaz escolhido para o cargo de operador técnico, mas, antes, tragam-me o telefone desse Alejandro, de Morelia. Ligarei imediatamente para ele. Tomara que aceite o convite para ser meu assessor direto nesta filial, pois não posso prescindir de homens capazes e realmente fiéis, que me ajudem a enxergar erros e preservar a confiança de nossos clientes".

Os entrevistadores, meio desconcertados, imediatamente informaram o telefone para que o mais alto cargo daquela filial, minutos depois, fosse adequadamente preenchido.

Afastando-nos da verdade, distanciamo-nos de Deus.

Antes de sermos vinculados a pessoas ou instituições, funcionários de uma empresa ou subordinados a determinados chefes, somos representantes de Jesus. Nossa relação de confiança com ele tem de estar acima de qualquer outra. Nossa fidelidade a ele passa por seguir pelo caminho da verdade.

> Aquele que é fiel nas coisas pequenas, será também fiel nas coisas grandes. E quem é injusto nas coisas pequenas, sê-lo-á também nas grandes (Lc 16,10).

A fidelidade a Jesus não pode se dar ao sabor das conveniências. Temos de ser fiéis a Deus em todos os momentos.

De início, a mentira pode ser a opção mais fácil e cômoda para se tirar proveito de determinada situação ou para se esquivar de problemas, mas os seus desdobramentos vão ficando cada vez mais difíceis de lidar e desconfortáveis. A mentira nos afasta de Deus.

Como cristãos, precisamos nos posicionar com firmeza – sem abandonar a mansidão – diante daquilo que não é correto, que não condiz com a justiça e a verdade e que está em desacordo com o que Deus espera de nós. É bem verdade que, às vezes, isso não é simples. Muitos, mesmo cientes de que certa situação não é correta, acabam por aceitar conviver com atos impuros, seja por omissão, seja até mesmo participando diretamente deles.

Ser fiel a Deus é também envolvê-lo em nossos sonhos e planos. A ele deve ser destinado um lugar de honra em todos os nossos projetos.

Nossos sonhos nem sempre coincidem com o que Deus sonha para nós. Ainda que nos sintamos desapontados por não alcançar alguns objetivos, não podemos esquecer-nos de que ele continua tendo sonhos para nossa vida. Ele conta conosco naquilo que realizamos hoje e continua tendo planos para nós.

Quando caminhamos de mãos dadas com Deus, atentos ao que espera de nós, ele não nos deixa desperdiçar nada. Fiéis a ele, mesmo aparentes derrotas e fracassos – dificuldades que a vida nos impõe – são aproveitados em nosso favor.

Às vezes, ficamos chateados pela perda de certas oportunidades e temos a impressão de que não haverá outras. Nessas horas, temos de levantar a cabeça o quanto antes para enxergar o que ele nos apresenta a cada instante.

Em outros momentos, ficamos presos a fatos passados e acabamos não enxergando aquilo que Deus nos oferece hoje, agora. Se somos fiéis a ele, não há por que lastimar resultados diferentes daqueles que almejávamos, pois tudo concorrerá para o nosso bem.

Se excluímos Deus dos nossos projetos, desperdiçamos o que há de mais importante em nossas vidas: nossa boa relação com ele; nossa família; amigos e as demais pessoas que ele coloca junto de nós. Passamos a não ter mais tempo para as coisas de Deus e elas passam também a não mais caber nos nossos planos. Passamos a não ser dignos de servir como exemplo e bênção para as pessoas que nos cercam.

Aproveitar o tempo, valorizando as pessoas de nosso convívio e realizando nossa missão alinhados ao que Deus nos pede, é saber administrar a vida, aproveitando as chances que ele nos dá a todo momento.

O lugar onde Deus nos coloca é onde ele quer nos moldar. Nosso trabalho atual, com as atividades que lá temos a desempenhar, é o lugar onde ele quer agir em nós hoje. Por isso, devemos nos comportar com alegria e lisura, estando sempre a postos para atender ao que ele nos pede, às oportunidades que nos oferece. Que, fazendo por merecer sua confiança no que realizamos hoje, ele possa contar conosco para desafios maiores!

4

A capela do colégio

(Em Santiago, Chile)

Palavras-chave: Difamação, Equilíbrio, Comunicação

anhã de quinta-feira gelada na acolhedora cidade de Santiago. Os raios do sol que artisticamente já atingem os pontos mais altos das Cordilheiras dos Andes são aguardados pelos estudantes do grupo escolar, para amenizar a temperatura. Eles começam a formar filas por entre os ciprestes-da-patagônia, que embelezam o pátio do colégio, para cantar o hino nacional e, logo após, dirigir-se às respectivas salas de aula.

É grande o número de alunos, mas uma em especial recebe os olhares de alguns colegas preocupados. Nice, simpática com todos e aplicada nos estudos, regressa ao colégio depois de dois dias de ausência.

Estimada entre colegas e professores por sua simpatia e cordialidade, muitos se interessaram em saber o que havia acontecido. Nice diz que estivera ausente por causa do falecimento de seu querido avô.

No recreio, Nice, acompanhada de uma amiga de classe, em vez de se dirigir para o pátio do colégio para aquecer-se ao sol e alimentar-se dos quitutes da cantina, vai à capela do colégio e coloca-se em oração por sua família.

Uma supervisora escolar, incumbida de manter a ordem nas instalações do colégio, e não sabendo o que se passava com a jovem, ao avistar as duas meninas na capela naquele horário, repreende-as severamente e, em alta voz, ordena que saiam do local. De forma descabida, ainda alega que ali não era lugar para comportamentos inadequados – referindo-se à bagunça e à dilapidação de patrimônio que alguns alunos desordeiros eventualmente promoviam naquele local de oração.

Nice, surpresa e trêmula por tal intempestividade, tenta argumentar, mas a supervisora a ignora e, em tom de voz ainda mais forte e ameaçador, ordena mais uma vez que saiam imediatamente da capela. Nice, apesar da injusta advertência num momento já difícil pela perda que tivera, cala-se e sai.

O fato se espalha rapidamente pelo colégio e aqueles que até mesmo sentem satisfação pelo ocorrido, sem medir as consequências, disseminam falsa versão do fato.

A propagação da notícia inverídica fere ainda mais a jovem, mas, mantendo-se equilibrada, àqueles que vinham até ela indagar se era verdade a boataria, apenas responde que não.

Não faltou quem lhe aconselhasse a agir com rigor contra a supervisora e contra os alunos que estavam difamando sua reputação; porém Nice, mesmo chateada, limita-se a terminar o dia de aula alimentada pela força da consciência tranquila, sabendo que agira de forma correta e que nada fizera para ser tratada daquela forma.

Não obstante a injustiça que fora cometida contra ela e a dor pela difamação de seu nome, mantém-se equilibrada, sem se deixar abalar pelo que outros poderiam estar pensando ou dizendo a seu respeito.

No dia seguinte, após aconselhar-se com sua mãe e irmã mais velha, de forma serena, Nice procura a supervisora, relata o que de fato ocorrera e como se sentira diante de tal situação.

A supervisora, meio sem jeito, toca seu rosto pedindo-lhe desculpas, acrescentando que, já no turno da tarde do dia anterior, a diretora havia relatado o que acontecera com seu avô. Mais uma vez se desculpando, a supervisora salienta o quanto havia sido difícil para ela pegar no sono na noite passada, em função do erro cometido.

Nice não exigiu reparação, não deu publicidade ao erro da supervisora, nem satisfação aos maledicentes, mas proporcionou um enorme aprendizado para a vida das pessoas ao seu redor.

Não podemos devolver o mal com o mal; temos de devolver com o bem.

Pode ser que em nosso convívio haja aqueles que se regozijam com difamações e que não se incomodem por propagar maledicências e aviltar reputações, até mesmo sem se preocupar em apurar a veracidade dos fatos, utilizando-se de calúnias e intrigas por conveniência ou satisfação. Mesmo assim, não podemos deixar que isso consuma nosso equilíbrio e paz interiores.

Talvez você já tenha se sentido injustiçado, tendo até mesmo seu nome difamado, mas isso não pode valer a sua paz e muito menos deixá-lo sem chão.

E o chão firme que temos para nos sustentar em momentos como esse é a confiança em Deus, certos de que junto a ele tudo concorrerá para o nosso bem, ainda que no momento não consigamos entender com clareza a forma como isso se concretizará.

Ficamos chateados, é verdade, mas não podemos deixar que as consequências dessas más ações nos desequilibrem emocionalmente.

Digo a vós que me ouvis: amai os vossos inimigos, fazei bem aos que vos odeiam, abençoai os que vos maldizem e orai pelos que vos injuriam (Lc 6,27s).

Jesus nos diz que devemos amar a todos, até mesmo os nossos inimigos, fazendo o bem ainda que nos façam mal. Pode parecer difícil, mas orar por essas pessoas e pedir as bênçãos de Deus sobre suas vidas já é colocar essa orientação em prática.

Não podemos deixar que sentimentos como rancor, raiva e ódio encontrem espaço para crescer em nosso coração, desviando-nos da forma como Deus pede para que procedamos com as pessoas. Precisamos transbordar do nosso coração as coisas de Deus, para que sentimentos nocivos não encontrem espaço para penetrar e crescer dentro dele.

Muitas vezes, o que é esperado por aqueles que tentam difamar os outros é justamente que haja reações à altura, que devolvamos com a mesma moeda, com o mal; porém, como cristãos, temos que devolver com o bem, orando e abençoando. Muitos podem até instigar-nos e alegrar-se ao presenciar reações violentas e explosivas, mas não nos podemos deixar levar. Devemos agir com serenidade, com o coração leve.

Querendo Pilatos satisfazer o povo, soltou-lhes Barrabás e entregou Jesus, depois de açoitado, para que fosse crucificado. Os soldados conduziram-no ao interior do pátio, isto é, ao pretório, onde convocaram toda a coorte. Vestiram Jesus de púrpura, teceram uma coroa de espinhos e a colocaram na sua cabeça. E começaram a saudá-lo: "Salve, rei dos judeus!". Davam-lhe na cabeça com uma vara, cuspiam nele e punham-se de joelhos como para homenageá-lo. Depois de terem escarnecido dele, tiraram-lhe a púrpura, deram-lhe de novo as vestes e conduziram-no para fora, a fim de crucificá-lo (Mc 15,15-20).

Jesus, que somente praticou o bem, foi traído e difamado, negado e abandonado, cuspido e açoitado. Mesmo diante de tanta injustiça, ele manteve sua conduta alinhada ao que o Pai esperava dele.

E Jesus dizia: "Pai, perdoa-lhes, porque não sabem o que fazem". Eles dividiram as suas vestes e as sortearam (Lc 23,34).

Jesus foi capaz até mesmo de, em momento de extrema dificuldade, mas continuando a transbordar amor do seu coração, pedir ao Pai que perdoasse os seus malfeitores. Ele amou até o fim, praticando o bem mesmo em momento de dor e sendo vítima de tanta injustiça.

Se falarem mal de você, não gaste suas energias retrucando ou tentando se defender exaustivamente. Não deixe que maledicências, ainda que saboreadas por muitos, interfiram na sua relação com Deus e nos seus afazeres do dia a dia.

Se você está em comunhão com ele, isso será sempre o mais importante. É a ele que você deve as reais satisfações de seus atos.

Ainda que intrigas e mesquinharias cresçam, não reaja como eventuais inconsequentes gostariam que você reagisse. Você tem o direito de zangar-se e agir, mas aja com as armas do bem, com equilíbrio, firmeza e mansidão, sempre pautado pela verdade.

Que de sua boca não saiam palavras que afastam pessoas, mas que promovam o bem, propiciando paz e gerando clima de confiança ao seu redor.

Não seja você a falar mal dos outros, nem funcione como combustível a alimentar fofocas e difamações, tampouco faça crescer intrigas que mancham reputações de pessoas e instituições ilibadas. Isso pode significar diversão e prazer para muitos, mas não gera alegria nem felicidade.

5

Cliente dos sonhos

(Em Londres, Reino Unido)

Palavras-chave: Humildade, Cordialidade, Visão holística

Onze horas em ponto, confirmava o badalar do majestoso Big Ben. Numa das principais administradoras de imóveis da Piccadilly Circus, tudo pronto para receber a jovem Edna, conceituada diretora comercial de próspera indústria farmacêutica da Europa, que se preparava para transferir sua sede para Londres. Era a grande oportunidade de conquistar aquele tão sonhado cliente.

O gerente-geral da administradora preparara todos os funcionários para impressionar bem a nobre senhorita: limpeza do estabelecimento, roupas impecáveis, apresentações com efeitos especiais, bebidas e comidas requintadas.

Tudo estava perfeito, a não ser pela inconveniência de, minutos antes do horário marcado para a reunião, um senhor chamado Fernando interfonar, solicitando autorização para entrar, pois necessitava de auxílio para encontrar um pequeno apartamento nas proximidades para alugar.

A secretária, meio sem saber o que fazer diante de toda a preparação e agitação no escritório, pergunta ao chefe como deveria agir. O chefe, regularmente rude no trato com os funcionários, diz de forma áspera que não havia tempo para cuidar de coisas irrelevantes naquele momento e ordenou que ela se livrasse imediatamente daquela situação indesejada, pois nada poderia atrapalhar o grande objetivo do dia.

A secretária, temendo argumentar com o chefe, em função da sua forma costumeiramente grosseira no trato com seus subordinados, diz então ao senhor Fernando que ele não necessitaria nem mesmo entrar, pois não havia imóvel disponível para o seu perfil. Foi o suficiente para se livrar daquele contratempo, ainda que o senhor Fernando tenha ficado desapontado com a pouca atenção a ele dispensada.

Finalmente, chegou o momento mágico. A diretora comercial, acompanhada de outros dirigentes da empresa farmacêutica, adentrou no estabelecimento e tudo saiu perfeito. Sorrisos e gentilezas dos funcionários, apresentação impecável, diversas e ótimas opções de imóveis para o estabelecimento da sede da empresa e a garantia de que teriam, tanto a empresa como seus funcionários, assistência para tudo o que necessitassem em termos imobiliários na cidade.

Terminada a reunião, e após se despedir da srta. **Edna** e dos demais executivos, o chefe não se conteve. Chamou todos os funcionários e abriu o melhor espumante que havia em sua sala para comemorar o sucesso do encontro e a iminente assinatura do contrato milionário.

No final da tarde, de posse de seu celular e apreciando a bela arquitetura na Trafalgar Square, Edna liga para seu pai, o presidente do conselho de administração da *holding*[3] controladora da indústria farmacêutica, o megaempresário Fernando Goulind, para informar que achara a imobiliária perfeita para prestar os serviços de que necessitavam. Querendo saber mais, seu pai a indaga sobre o nome e a localização da referida imobiliária. Quando ela o informa, seu pai levanta-se bruscamente da cadeira, como quem leva um susto, e imediatamente desautoriza o negócio, dizendo que pela manhã estivera no mesmo endereço à procura de um simples apartamento para alugar e que fora muito maltratado, não sendo aquela forma de atendimento que seu grupo empresarial buscava em seus parceiros comerciais.

Recebida a informação de que a indústria farmacêutica não mais fecharia o negócio com eles, coube à administração da imobiliária, com lástima, imaginar o que

---

[3] *Holding:* empresa que detém participação majoritária em outras empresas.

poderia ter sido feito de diferente para conquistar aquele importante cliente.

O universo é infinito, mas não se acha ninguém como você onde quer que o homem consiga ou sonhe ir. Você é criatura única e maravilhosa sonhada por Deus.

Saber que cada ser humano é único e maravilhoso aos olhos de Deus é um bom motivo para que não nos esqueçamos de que todos são importantes. Quando demonstramos querer entender o momento pelo qual passa uma pessoa, dispensando um pouco da nossa atenção, seja ao menos através de um olhar carinhoso, seja ouvindo o que tem a dizer, passamos a mensagem de que nos importamos com ela.

Pode ser que esteja entulhada de problemas e que não tenhamos como ajudá-la, mas, se ela se sente ao menos ouvida, isso já contribui para que possa ficar um pouco melhor. São muitas as pessoas que hoje carecem de um mínimo de atenção, de alguém que as faça se sentir importantes.

Há momentos em que estamos tão agitados e focados em nossos afazeres, que não conseguimos enxergar eventuais necessidades das pessoas à nossa volta, se aparentam estar bem ou não.

Quando a agitação se torna parte da nossa rotina, temos mais dificuldade de notar o bem que poderíamos estar fazendo. O coração vai ficando duro, insensível a gestos belos e simples da vida, como a cordialidade no trato com as pessoas.

> [...] porque o coração deste povo se endureceu: taparam os seus ouvidos e fecharam os seus olhos, para que seus olhos não vejam e seus ouvidos não ouçam, nem seu coração compreenda; para que não se convertam e eu os sare (Is 6,9s).
>
> Mas, quanto a vós, bem-aventurados os vossos olhos, porque veem! Ditosos os vossos ouvidos, porque ouvem! (Mt 13,15s).

Se não mais notamos as pessoas ao nosso redor nem somos capazes de perceber suas necessidades, é sinal de que nosso coração pode estar endurecendo. É sinal de que precisamos refletir sobre o caminho que estamos seguindo, investir mais na simplicidade da vida e reaprender a olhar para as pessoas como gente.

O mundo corporativo existe porque instituições, sejam industriais, comerciais ou de prestação de serviços, direta ou indiretamente, predispõem-se a atender a algum tipo de necessidade do ser humano.

O que quereis que os homens vos façam, fazei-o também a eles (Lc 6,31).

Muito se investe na qualidade do atendimento, mas, contraditoriamente, deixa-se de investir em questões básicas na formação de pessoas para lidar com pessoas; de tratá-las como elas gostariam de ser tratadas. Saber ouvir, olhar nos olhos, chamar pelo nome sempre que possível, tratar com cordialidade a quem quer que seja. Tudo isso tem se tornado cada vez mais raro no ambiente corporativo.

Muitos – empresas, funcionários, clientes e sociedade de forma geral – ganhariam se o respeito e a atenção pelas pessoas fossem tidos verdadeiramente como premissas básicas na construção de parcerias.

6

O martelo

(Em Luca, Toscana, Itália)

Palavras-chave: Excelência ao fazer, Aconselhamento, Inspiração

Na agradabilíssima cidade de Luca, na região da Toscana, o menino Ricardo se encantou com um construtor que por lá passara alguns meses para, a pedido de um administrador local, construir grandiosa residência. Aquele construtor tinha algumas características especiais, como semblante suave e constante sorriso no rosto, além de, na visão de Ricardo, aparentar ser pessoa de muitas posses.

Entusiasmado com aquele profissional e imaginando-se um dia rico para ser feliz como acreditava ser aquele construtor, Ricardo tomou coragem e aproveitou um momento em que o construtor descansava à sombra do muro que protegia a cidade, deleitando-se de saborosa taça de vinho toscano, para aproximar-se dele.

Com certa timidez, mas confiante em obter preciosa resposta para seu futuro financeiro, Ricardo quis saber o que o construtor fizera para conquistar – pensava ele – tamanha riqueza.

Com o peculiar sorriso e olhando carinhosa e diretamente nos olhos do jovem, o construtor lhe disse que conquistou tudo aquilo realizando seus afazeres com alegria e boa vontade. Disse que começara suas atividades com poucas ferramentas e muita vontade de fazer o seu melhor para as pessoas que buscavam seu trabalho. Afirmou que assim, fazendo o seu melhor para as pessoas, fez o melhor também para si próprio, tornando-se rico e, principalmente, feliz. Perguntou, então, a Ricardo o que ele gostaria de ser. O jovem respondeu que sonhava ser carpinteiro, mas que achava que aquela atividade não lhe proporcionaria muitos ganhos.

O construtor retirou de sua mala de ferramentas um martelo e deu a Ricardo, dizendo: "Dou-lhe este martelo para que você possa se lembrar desta nossa conversa. Trabalhe com afinco, procurando fazer sempre o seu melhor para as pessoas. Se você trabalhar dessa forma, quando o cabo deste martelo se romper, você estará rico e feliz, como eu".

Ricardo ficou entusiasmado com a conversa que tivera e, de forma especial, com o presente que ganhara. Estava convicto de que, quando aquele cabo se partisse de tanto uso, algo muito valioso – diamantes talvez – transbordaria de seu interior e ele estaria finalmente rico.

Logo após iniciou sua vida profissional como carpinteiro. Em pouco tempo, produzia peças fantásticas. Muitos o procuravam solicitando seus serviços, até mesmo grandes mestres de arte da próspera Florença.

Fiel ao que aquele construtor lhe ensinara, procurava fazer o seu melhor. Ricardo já não se importava tanto com o que lhe pagavam. O que costumava receber já era suficiente para levar a vida confortavelmente. Descobrira que sua felicidade vinha da satisfação em ser útil às pessoas e não da fortuna que poderia acumular, como imaginara outrora.

Através de seu ofício, ele auxiliou muitos, não só com a arte da carpintaria, mas com palavras e sorrisos que ajudavam e encantavam os que o conheciam.

Passados alguns anos, enquanto se preparava para mais uma jornada de trabalho, meditando, olhou para aquele martelo que havia muito lhe acompanhava e agora já estava deveras desgastado, e lembrou-se do ensinamento que recebera do construtor e do quanto aquela conversa havia sido importante para o rumo da sua vida. E, de bem com a vida, sorriu com a alma para si próprio.

Assim que iniciou as atividades do dia, deu um forte golpe com o velho martelo. Dessa vez, a ferramenta já desgastada não resistiu e se partiu ao meio. Ricardo custou a acreditar no que via: o cabo do martelo não continha nada além de madeira.

Novamente Ricardo sorriu e refletiu: "Enganei-me com relação aos supostos diamantes, mas isso já não acrescentaria nada à felicidade que conquistei ao buscar fazer o melhor para as pessoas à minha volta. Não trocaria a alegria que carrego no coração e minha forma de viver por riqueza alguma deste mundo".

Ao fazer o melhor para as pessoas, proporcionamos o bem também para nós.

Executar nossas atividades com primor, procurando fazer o nosso melhor – para Deus, para quem usufruirá de nossos serviços e para nós próprios –, é um excelente caminho para alcançarmos satisfação naquilo que realizamos.

O que formos chamados a fazer, seja simples ou complexo, valorizado ou não pela sociedade, que o façamos com excelência, deixando a marca da beleza que há no coração de quem o executa.

> Três dias depois, celebravam-se bodas em Caná da Galileia, e achava-se ali a mãe de Jesus. Também foram convidados Jesus e os seus discípulos. Como viesse a

faltar vinho, a mãe de Jesus disse-lhe: "Eles já não têm vinho". Respondeu-lhe Jesus: "Mulher, isso compete a nós? Minha hora ainda não chegou". Disse, então, sua mãe aos serventes: "Fazei o que ele vos disser". Ora, achavam-se ali seis talhas de pedra para as purificações dos judeus, que continham cada qual duas ou três medidas. Jesus ordena-lhes: "Enchei as talhas de água". Eles encheram-nas até em cima. "Tirai agora", disse-lhes Jesus, "e levai ao chefe dos serventes". E levaram. Logo que o chefe dos serventes provou da água tornada vinho, não sabendo de onde era (se bem que o soubessem os serventes, pois tinham tirado a água), chamou o noivo e disse-lhe: "É costume servir primeiro o vinho bom e, depois, quando os convidados já estão quase embriagados, servir o menos bom. Mas tu guardaste o vinho melhor até agora" (Jo 2,1-10).

Em uma festa de casamento e a pedido de sua mãe, Jesus transformou grande quantidade de água em vinho. Mas ele não se contentou em produzir qualquer vinho. Ele fez o melhor. Ele fez com amor. O vinho estava tão bom que o chefe dos serventes, sem saber o que passara, diz ao noivo que o costume era servir antes o vinho bom e depois, quando os convidados já estivessem quase embriagados, servir o de qualidade inferior, mas ali o noivo deixara o melhor para depois.

Assim também deve ser com a gente. Não importa o quanto nosso trabalho seja valorizado ou não sob a ótica humana. Devemos fazer com amor, com beleza, pensando no bem que podemos proporcionar aos outros, e que Deus se alegra com isso. Às vezes, o melhor pode estar simplesmente na atenção que damos às pessoas, mostrando que elas são importantes para nós, que nos importamos verdadeiramente com elas.

Aconselhamentos dados com o coração e exemplos construídos através de atitudes nobres podem fazer grande diferença na vida das pessoas, servindo de ajuda e inspiração no caminho que elas trilharão.

Não devemos olhar para as pessoas como ameaças ou problemas. Não somos e não temos de nos preocupar em ser melhores do que os outros, mas sim em sermos melhores para eles. Assim, investimos em nossa formação de forma leve e progredimos alinhados ao que Deus nos pede, caminhando com alegria rumo à excelência profissional.

Que nos lembremos sempre de que buscar fazer o nosso melhor naquilo que nos propomos é motivo de alegria para Deus. Ele plantou um potencial em cada um de nós e devemos valorizá-lo, realizando nossas atividades com beleza e primor, cuidando e desenvolvendo esse potencial em favor de todos que nos cercam.

7

Árvore de moedas

(Em Santa Rita de Caldas, Minas Gerais, Brasil)

Palavras-chave: Poder das palavras, Impulso, Raiva

Vinte e dois de maio, o povo de Santa Rita de Caldas e das cidades vizinhas mais uma vez está radiante com a festa da padroeira da cidade.

Romeiros confirmam sua devoção em meio a longas caminhadas, tendo como presente para os olhos as belas montanhas do Sul de Minas Gerais. Chegam à simpática Santa Rita e, na praça Padre Alderige, juntam-se em orações e alegria ao hospitaleiro povo da Capela, carinhoso apelido dado àquela afável cidade.

Nota-se estampada alegria no rosto dos presentes. Uma pequena, porém – Gigia, de apenas oito anos –, contrastando com o clima de alegria reinante na festa da cidade, tem ar de desapontamento, apesar de ser uma menina que costumeiramente espalha simpatia e sorrisos.

Seu único irmão, Walbinho, cinco anos mais velho do que ela, parece ser o único a notar algo de estranho no comportamento da irmã.

No fim do dia, quando Gigia preparava-se para dormir, Walbinho se aproxima e procura saber se havia algum problema. Gigia, depois de se esquivar um pouco, diz ao irmão que não era nada sério. Era apenas por ter-se encantado com uma linda boneca que vira numa das barracas dos comerciantes que se instalam em Santa Rita de Caldas durante a festa da padroeira, mas que, já ciente da luta de seus pais para manter as finanças domésticas em dia, achara melhor nada comentar.

Walbinho, na manhã seguinte, sai em busca da boneca. Encontra o barraqueiro já desmontando sua barraca para partir. Pergunta o preço da boneca e confirma que, naquele momento, não teria condições de adquirir o presente para a irmã. Contudo, anota os dados da boneca para, num momento futuro, poder dar aquele presente a ela.

Após pesquisar, Walbinho descobre que a loja de brinquedos mais próxima para comprar a almejada boneca situa-se em Poços de Caldas, romântica cidade turística, distante cerca de cinquenta quilômetros de Santa Rita.

Walbinho fica radiante, pois a professora de Geografia de seu grupo escolar havia planejado uma excursão para que os alunos conhecessem os belos jardins daquela cidade. Tudo parecia se encaixar, exceto o tempo que ele teria para obter recurso suficiente para comprar a boneca. A excursão estava programada para ocorrer dali a dois meses.

Decide juntar dinheiro. Planeja guardar todo o troco de sua merenda escolar e também de sua irmã. Mas como fazer isso sem a irmã desconfiar do propósito? Afinal, queria fazer uma adorável surpresa para ela.

Teve então uma ideia: disse a ela que plantasse dinheiro num determinado local do pequeno jardim na frente da casa, pois assim o dinheiro plantado seria como semente, geraria uma árvore e renderia frutos. Meio cética de início, Gigia concordou. Nunca vira dinheiro ser plantado, mas se o irmão disse...

Durante quase sessenta dias, Gigia "plantou" ali suas moedinhas e Walbinho economizara tudo o que podia, privando-se até mesmo de alguns lanches no colégio.

Na noite da véspera da excursão, quando a menina já dormia, Walbinho vai ao jardim e recolhe tudo o que ela depositara, que, junto com o que ele poupara, era suficiente para comprar a sonhada boneca para a irmã.

No dia seguinte, voltando Gigia da escola sem a companhia do irmão, resolve conferir os frutos do dinheiro plantado. Ao contemplar o local sem uma moeda sequer, ela fica furiosa. "Como ele foi capaz de fazer uma coisa dessas comigo?!", indaga-se a menina.

Sentindo-se lesada e bastante enfurecida, vai até a mãe, conta-lhe o que havia ocorrido e pede severa punição para o irmão, quando ele retornasse do passeio.

Com cara enfezada, ela se prepara para receber o irmão, pois o ônibus da excursão estava para estacionar. Havia ensaiado as palavras de repreensão, de forma que pudesse externar toda a sua raiva e ferir o íntimo de seu irmão, e torcia para que a mãe fizesse o mesmo, de preferência com chinelo em mãos.

Eis que, ao pôr do sol, chega Walbinho com o rosto iluminado de satisfação e mãos para trás. Gigia não podia acreditar naquela cena. Além de enganá-la, não demonstrava mínima gota de arrependimento, pensa a menina.

Não aguentando mais de tanta fúria, corre até o irmão para antecipar a repreensão, e, quando iniciaria o ensaiado discurso de punição, é surpreendida: seu irmão saca a boneca das costas e, dando-lhe um apertado abraço, diz carinhosamente: "Veja os frutos do seu dinheirinho!".

Um tanto envergonhada perante a mãe e ela própria, e arrependida pelo que pensara e pelas palavras que se preparara para proferir contra o irmão, Gigia deixa escorrer uma lágrima de felicidade, parte pela boneca, mas principalmente pela bênção do irmão que tinha.

Walbinho se sente recompensado quando Gigia, substituindo as palavras de rancor – felizmente não ditas –, dá um longo beijo em seu rosto. Tudo isso acompanhado de doces palavras de agradecimento.

Palavras são poderosas: elas podem levantar e derrubar, fazer sorrir e fazer chorar, unir e afastar. Uma vez proferidas, não voltam atrás.

Devemos tomar conta daquilo que verbalizamos. Muitas vezes somos precipitados na análise de situações que nos desagradam e, traídos por impulsos negativos, podemos, sem ao menos dar chance ao nosso interlocutor de eventualmente tentar elucidar os fatos, despejar intempéries contra ele.

Tiramos conclusões precipitadas, dando fatos como consumados, falamos no calor de emoções e corremos o risco de colocar muito a perder.

> Ouvi e compreendei. Não é aquilo que entra pela boca que mancha o homem, mas aquilo que sai dele. Eis o que mancha o homem (Mt 15,11).

Jesus nos diz que o que sai de nossa boca pode nos afastar de pessoas e de Deus.

Quando nos sentimos chateados por situações que nos desagradam, devemos esperar a "poeira baixar" para depois, de forma equilibrada, manifestarmo-nos. Mesmo que tenhamos razão, ainda assim devemos nos policiar para não agirmos de "cabeça quente", utilizando palavras que machucam e complicam as coisas.

É impressionante como em momentos de raiva somos capazes de proferir palavras que ferem até mesmo as pessoas que mais amamos. Em minutos de fúria, podemos colocar abaixo relacionamentos consolidados ao longo de anos. Falamos em instantes, no impulso da raiva, para às vezes lamentar o destempero pelo resto da vida.

Para muitos, ter língua afiada é motivo de orgulho. Gostam de ser reconhecidos por não levar desaforos para casa. Fazem parte do grupo do "bateu-levou". E parece que estão sempre à procura de alguém que bata para poder justificar o descarregamento de atrocidades verbais.

Há ainda quem seja partidário dos que pagam "um boi para não entrar numa briga e uma boiada para não sair dela". Isso pode parecer sinal de força numa análise superficial, mas também indicar fraqueza sob a perspectiva emocional.

Há momentos em que controlar nossos impulsos e frear nossas palavras é a melhor atitude a ser tomada; devemos buscar equilíbrio, deixando-nos ser tomados primeiro pela ação do Espírito Santo para, aí sim, posicionarmo-nos como Jesus espera de nós. Ainda que nos sintamos lesados e tenhamos razão em situações adversas a nós, não podemos devolver o que sentimos com agressões verbais; temos de nos posicionar de forma equilibrada, devolvendo com o bem, como cabe a um cristão.

Quanto mal poderia ser evitado se buscássemos regularmente o aconselhamento do Espírito Santo para nortear o que sai de nossa boca!

8

Rede de contatos

(Em Cidade do Porto, Portugal)

Palavras-chave: Relacionamento, *Networking*, Segundas intenções

*A*lderim não conseguia se conter de tanto entusiasmo. Mal acabara de se formar em Administração de Empresas em uma faculdade no Brasil e já conseguira emprego. Para completar sua alegria, em Portugal, país pelo qual sempre teve especial carinho, principalmente por ser a terra de origem de seus pais.

A sede da empresa onde iria trabalhar ficava numa de suas cidades prediletas: a encantadora Porto.

Num domingo, um dia antes de tomar posse na empresa, caminha à beira do rio Douro, contemplando a grandiosidade da ponte ferroviária. Vai em direção a uma das adegas de Vila Nova de Gaia, para lá almoçar com um antigo professor da faculdade que havia dois anos também se mudara para aquela cidade.

Conversando com o professor durante o almoço, Alderim percebe o grande conhecimento do educador acerca da empresa onde iria trabalhar. O professor discursa em detalhes sobre o negócio da companhia, sua história e também sobre seus dirigentes, incluindo até mesmo seus hábitos. Essa parte foi a que mais interessou a Alderim, afinal, ele estava ávido por progredir na carreira e aprendera na faculdade que construir um bom *networking* (rede de contatos profissionais) pode contribuir sobremaneira para isso.

O professor diz a ele que o diretor de recursos humanos, sr. Clayton, também um dos principais acionistas da companhia, é aficionado praticante de tênis.

Obstinado por seguir à risca o que aprendera na academia, Alderim, já na primeira semana de trabalho, matricula-se num clube de tênis. Passa a ter aulas regulares e, mesmo não sendo um amante do esporte, evolui rapidamente na parte técnica.

Na primeira oportunidade que Alderim tem de estar próximo do sr. Clayton, ele informa no meio de uma conversa que estava na cidade havia pouco tempo e que vinha buscando companhia para jogar tênis. O diretor, sujeito simpático e hospitaleiro, diz a Alderim que também joga tênis com amigos todas as sextas à noite e que, se fosse do agrado dele, poderia se juntar ao grupo.

Alderim fica ansioso com a oportunidade e investe na compra do melhor equipamento que encontra. Tudo pronto para começar a frequentar o mesmo grupo de tênis do seu diretor! Isso poderia representar abertura de ótimas portas para seu futuro profissional.

Mesmo de certa forma entediado com aquele que não era seu esporte preferido, Alderim esforça-se para estar presente às partidas, afinal, não poderia perder aquele importante contato.

Meses depois, durante um dos intervalos para café, Alderim descobre em conversa informal com colegas que o sr. Clayton acabara de se desligar da empresa, vendendo sua participação acionária e abrindo mão do cargo de diretor, pois decidira se dedicar mais aos seus vinhedos e à produção de vinho do Porto.

Na sexta-feira seguinte, o ex-diretor sente falta da presença de Alderim no jogo de tênis, afinal, ele era presença garantida havia quase um ano.

Preocupado, o sr. Clayton liga no mesmo dia, logo após o jogo, para saber se estava tudo bem com o jovem. Alderim atende e diz que sim, e, esquivando-se, complementa informando que, infelizmente, não seria mais possível participar do grupo em função de outros compromissos assumidos.

Mesmo achando estranho, o diretor deseja-lhe sorte e diz que as portas do grupo de tênis estariam sempre abertas para ele retornar quando ficasse livre dos novos compromissos. Alderim dá pouco valor às palavras do sr. Clayton e abrevia o encerramento da ligação.

Deus não faz ninguém de degrau para nos elevar até onde ele quer que cheguemos.

Devemos construir nossos relacionamentos de forma saudável para sermos merecedores da amizade das pessoas com quem convivemos e com Deus.

Nossos relacionamentos devem ser consistentes e éticos; não podem ser tratados como artigos descartáveis, utilizando-nos de pessoas com segundas intenções para satisfazer interesses pessoais.

O que Deus tem reservado para nós já é nosso. Caminhemos até lá de forma digna, construindo relacionamentos transparentes e sendo merecedores do que ele já tem para nós.

Devemos primar por relacionamentos que engrandeçam, valorizando as pessoas e não contaminando nossa relação com elas. E não há como construir tais relacionamentos prescindindo de confiança e respeito.

> Bem-aventurados os puros de coração, porque verão Deus! (Mt 5,8).

Jesus nos diz que são felizes as pessoas que têm o coração puro. Uma pessoa de coração puro não age de forma sorrateira, aproximando-se de outras com segundas intenções, objetivando colher vantagens mais à frente. Ela constrói relacionamentos transparentes, buscando o convívio saudável, fazendo transparecer a presença de Deus através da forma como se relaciona.

> Se emprestais àqueles de quem esperais receber, que recompensa mereceis? Também os pecadores emprestam aos pecadores, para receberem outro tanto (Lc 6,34).

Agir de coração puro é também não esperar ser recompensado por aquilo que se faz pelos outros. A pureza de coração nos leva a agir de forma reta, sem esperar nada em troca, abençoando a vida daqueles que conosco convivem e aproximando-nos cada vez mais de Deus.

Que nossos relacionamentos sejam sempre saudáveis, alinhados ao que Jesus nos ensina. Que tenhamos somente primeiras intenções na nossa convivência com as pessoas, contribuindo para que nós e todos do nosso convívio se aproximem cada vez mais de Deus.

9

O elefante diferente

(Em Serengueti, Tanzânia e Quênia, África)

Palavras-chave: Reconhecimento de potencial, Liderança, Desenvolvimento de talentos

Dia de expectativa no hábitat da mais forte manada da Savana africana, no coração do Serengueti: Roger, o primeiro filho dos reis elefantes, estava para nascer.

Já durante a gestação, os pais de Roger – os maiores elefantes daquela manada, cujo tamanho e força significavam poder – cuidavam do filho como sendo o maior dos tesouros. Com igual fervor, os súditos não viam a hora de conhecer aquele que haveria de herdar o trono e seria o futuro líder daquela manada.

Finalmente, o grande momento chegou. Roger nasceu! Mas havia algo de estranho. O entusiasmo dos pais foi substituído por um ar de desapontamento. E o mesmo parecia se alastrar por toda a comunidade de elefantes. O que poderia estar acontecendo de errado?

Roger nascera com saúde e semblante simpático. A razão da frustração estava no seu tamanho. Roger era minúsculo; um caso raríssimo de elefante nanico. Seu pai, além de desapontado, foi tomado por um sentimento de vergonha perante seus súditos. Mal conseguia se referir a Roger como sendo seu filho. Todos consideravam impossível aquele elefantinho exercer qualquer tipo de liderança.

O tempo passou e Roger não cresceu quase nada. Passou a ser desprezado pela maioria. Até mesmo outros elefantes que cresceram brincando com ele, chegando à fase adulta, começaram a se afastar.

Quando outros elefantes se aproximavam, ainda que ele se esforçasse para demonstrar carinho e amizade, somente deboche e desprezo eram-lhe dispensados. Por mais que buscasse amigos para se divertir e conversar, seu isolamento era cada vez maior e ele sofria como se tivesse culpa por ter nascido daquela forma e frustrado as expectativas de outros.

Nas longas viagens que o grupo fazia, os pais de Roger, imponentes, iam à frente; Roger invariavelmente era o último, ia só e a certa distância dos demais. Numa dessas viagens, algo diferente aconteceria e mudaria para sempre a sorte de Roger e a história daquele grupo.

A manada era avistada de longe por outros animas da Savana. Com passos lentos, porém firmes, ela se deslocava imponente por entre acácias e alguns baobás. Eis que em certo trecho do percurso, onde os elefantes costumavam parar para se alimentar – os grandes, das apetitosas marulas, e o pequenino Roger, somente das folhas dos arbustos –, o pior dos pesadelos de qualquer elefante se tornou realidade: um rato horrendo, de aproximadamente trinta centímetros, pôs-se no meio do caminho e, com uma careta de fazer qualquer elefante tremer todos os ossos, horrorizou a manada.

A terra tremia e a poeira subia com os elefantes fugindo alvoroçados daquela criatura. O pânico se instaurou e o temido rato já estava se dando por satisfeito, quando – depois de a poeira baixar – observou que ainda havia um elefante à sua frente: o pequenino Roger.

Num primeiro momento, o rato teve um acesso de riso e fez ares de deboche, para logo após tratar daquele inconsequente elefante miniatura, pensava ele.

Aproximou-se de Roger e fez a careta mais feia que conseguiu. Para sua surpresa, a reação do elefantinho não foi de medo, mas, contrariando o esperado, ele deu uma gostosa gargalhada, pois achou a cena bem engraçada. Além do mais, estava satisfeito por, depois de muito tempo, ter finalmente recebido a atenção de alguém.

Incomodado, o rato, em tom de superioridade e arrogância, perguntou ao elefantinho se ele não tinha o mínimo senso de perigo. Roger, sorridente, retrucou, perguntando por que razão haveria de ter. O rato então, já meio sem paciência, disse que Roger deveria temê-lo, e muito, pois ele era o maior algoz dos elefantes. Naquele momento, Roger disse que não havia razão para temer a alguém do seu tamanho.

Os demais elefantes assistiam à distância e estáticos àquela cena, pensando que Roger, além de desafortunado por seu tamanho reduzido, também tinha inteligência proporcional, pois não fugira o mais rápido que podia das garras daquele monstro e, além do mais, ainda tinha a ousadia de falar daquele jeito com a mais temida das criaturas.

O rato, vendo que a careta e as ameaças verbais não surtiram efeito, resolveu adotar medidas mais drásticas. Esticou a pata em direção à tromba do elefantinho e deu-lhe um forte beliscão. Roger, achando que tudo não passava de uma brincadeira, deu uma patada no rato, quase o esmagando. Este, por sua vez, além de sentir intensa dor, ficou deveras incomodado. Decidiu, então, partir para aquele que seria o golpe final. Mirou o traseiro do elefantinho, tomou distância, correu e deu-lhe um forte chute, com toda força que possuía. O resultado foi pífio, pois Roger mal o sentiu.

Ainda imaginando tratar-se de uma divertida brincadeira, Roger resolveu fazer o mesmo com o rato valentão, porém, o efeito foi trágico para o roedor. Com um baita chute no traseiro, o valentão foi arremessado a dezenas de metros de distância. Agora, com o traseiro dolorido e completamente atordoado, não lhe restou outra saída senão fugir o mais rápido que podia daquele, pensava ele, poderoso elefante.

Após a fuga do rato, os elefantes, ainda meio sem acreditar no que acontecera, foram tomados por uma alegria jamais vista naquela manada. A maior das ameaças fora vencida! Festejando, abraçaram e levaram Roger nos ombros. A comemoração foi grandiosa!

Com o respeito e a atenção que Roger passou a ter, foi fácil identificar, além da maestria no enfrentamento de ratos, outros potenciais traços de liderança que o futuro rei detinha. A nova forma de tratarem Roger permitiu que ele desenvolvesse seus talentos e os utilizasse em benefício de todo o grupo, tornando-se um dos mais respeitados líderes que aquela manada já tivera.

Cada um de nós tem um potencial enorme plantado por Deus em nosso interior. Pode ser que também tenhamos dificuldade para enxergar quanta coisa boa pessoas próximas carregam dentro delas.

Às vezes, não conseguimos enxergar porque achamos que elas deveriam ser como nós queríamos que fossem e acabamos não dando o devido valor a tanta coisa bonita que foi plantada por Deus no interior de cada uma delas. Subestimamos suas capacidades e acabamos não contribuindo para que desenvolvam o próprio potencial.

Devemos acreditar no potencial das pessoas e auxiliá-las no desenvolvimento de seus talentos. E, da mesma forma que as ajudamos, também podemos ser ajudados por elas nos desafios que nos cercam.

Não podemos desprezar as contribuições que elas são capazes de dar, por mais simples que pareçam.

Após ter exposto as parábolas, Jesus partiu. Foi para a sua cidade e ensinava na sinagoga, de modo que todos diziam admirados: "De onde lhe vem esta sabedoria e esta força miraculosa? Não é este o filho do carpinteiro? Não é Maria sua mãe? Não são seus irmãos Tiago, José, Simão e Judas? E suas irmãs, não vivem todas entre nós? De onde lhe vem, pois, tudo isso?". E não sabiam o que dizer dele. Disse-lhes, porém, Jesus: "É só em sua pátria e em sua família que um profeta é menosprezado". E, por causa da falta de confiança deles, operou ali poucos milagres (Mt 13,53-58).

Voltando à terra onde fora criado e revelando-se o Messias, Jesus também experimentou a sensação de ser menosprezado. Apesar de se admirarem com sua sabedoria e com seus ensinamentos, deram pouco valor a ele, já que pensavam não ser possível que uma pessoa tão próxima deles, que viram crescer e cuja origem conheciam – sabiam quem era sua mãe, seu pai e seus conhecidos –, pudesse ser o Salvador.

Ainda que você ache que as pessoas que o cercam poderiam ser melhores do que são, pense que Deus as colocou ao seu lado e que ele conta com você para ser a luz a brilhar sobre elas. Se você não considera sua família a melhor do mundo, lembre-se de que essa é a família que Deus lhe deu. Se seus colegas de trabalho não formam a equipe dos seus sonhos, lembre-se de que é ali que Deus quer utilizá-lo no momento.

Quantos talentos podem estar sendo desperdiçados por falta de quem acredite neles! Como é bom quando encontramos pessoas que nos ajudam a enxergar e desenvolver nossos talentos! Por outro lado, é difícil ter de lidar com inibidores de talentos.

Muitos são os que se apequenam diante da vida por não terem tido palavras de apoio ou quem acreditasse neles. Outros se sentem frágeis diante das dificuldades da vida porque em algum momento da sua história, em vez de receberem amparo e incentivo, acabaram ouvindo palavras de desestímulo, fazendo-os desacreditarem – e, às vezes, até desistirem – de si próprios.

Importante ter em mente que Deus nos conhece por inteiro. Ele sabe de todas as nossas fragilidades e, mesmo assim, por mais que as pessoas – e, não raro, até mesmo nós próprios – já não acreditem no nosso potencial, ele continua acreditando e nos amando.

Tendemos a achar que tudo poderia ser melhor se nossa família fosse diferente, se os colegas de trabalho fossem outros, e acabamos nos esquecendo de que é justamente dentro dessa família e com esses colegas que Deus quer agir através de nós.

Precisamos valorizá-los e valorizar também a oportunidade de sermos a presença de Deus para essas pessoas. Não desista daqueles que Deus colocou ao seu redor. Ele conta com você para derramar abundantes bênçãos em suas vidas.

10

O mercado

(Em São Paulo, Brasil)

Palavras-chave: Orientação, Formação, Prioridades

Thiago e Marcelo, ambos de oito anos e amigos de colégio e de vizinhança, estão retornando da escola na região da Faria Lima, na zona sul de São Paulo. Após participarem de uma pelada nos gramados do Parque do Povo, eles vão a pé e alegres para casa, no bairro do Brooklin.

Logo após passarem pela hípica onde, quase diariamente, apreciavam os imponentes cavalos saltando, vão, como de costume, ao mercado local para comprar pães para a refeição da noite em suas respectivas casas.

Nesse dia, observando apetitosas maçãs no balcão de frutas do mercado, os meninos, em clima de divertimento, resolvem se apropriar, indevidamente, de duas delas. Cada um coloca uma maçã no bolso, dirigem-se ao caixa e pagam somente pelos pães.

Saindo do mercado, os dois começam a rir sem medidas da façanha, afinal, tinham sido bem-sucedidos na empreitada que consideram divertida.

Chegando às respectivas casas, as mães observam que, além dos já rotineiros pães, eles trouxeram maçã. Questionados, respondem a mesma coisa: que pegaram a maçã por diversão, sem que ninguém notasse e sem pagar por elas.

Na casa de Thiago, a mãe chama o pai que está assistindo ao jornal da TV e conta o que aconteceu. O pai de Thiago mostra-se surpreso, dá um leve sorriso para a mãe e diz para Thiago não fazer mais aquilo, por não ser a atitude correta.

A mãe, após Thiago ir para o quarto, pergunta ao pai se não seria o caso de devolver a maçã ao mercado. O pai diz que é uma boa ideia, mas não teria condições de tratar do assunto naquele momento, já que estava ocupado assistindo ao telejornal e que, além disso, o mercado não seria afetado por conta de uma maçã a menos. A mãe, embora ainda não totalmente conformada, encerra ali o assunto. Pouco mais tarde se junta ao marido para assistirem à novela.

Algo semelhante acontece na casa de Marcelo. Após contar o que aconteceu, sua mãe também chama o pai, que está se preparando para assistir, pela TV, à final do campeonato de futebol, com participação do seu clube de coração.

A reação do pai, no entanto, é mais forte. Conversando com Marcelo, diz que não deveria ter feito aquilo, pois não era correto se apropriar indevidamente do que pertence a outros. Mesmo lamentando perder tão importante partida do seu clube, troca de roupa, imediatamente, e vai com Marcelo ao mercado. Chegando lá, procura o gerente e pede a Marcelo que conte o que aconteceu. Após os esclarecimentos, desculpa-se pela atitude do filho e devolvem a maçã. A cena foi constrangedora para o menino. Ele nunca mais se esqueceria dela.

No dia seguinte, os amigos se encontram no caminho para a escola e cada um conta o que aconteceu nas respectivas casas. Thiago, não se contendo, ri demasiadamente do vexame pelo qual o amigo passou. Marcelo fica ainda mais chateado com a reação, pensa ele, exagerada do pai.

Thiago repetiu a façanha de se apropriar indevidamente de frutas do mercado diversas outras vezes sem nunca ser notado. A única diferença é que comia as frutas antes de chegar em casa para evitar eventuais questionamentos de sua mãe. Algumas vezes, chegou a convidar Marcelo para novamente se divertir, praticando essas ações com ele. Marcelo, porém, nunca mais teve vontade de repetir o reprovável ato.

Com o passar do tempo, Marcelo já conseguia contar aquela história para outros com o coração leve, sem mágoas do pai, e até achando graça do que havia ocorrido. Depois de casado, acabou até mesmo tomando atitude parecida, quando sua filha trouxe um lápis na mochila escolar sem que a coleguinha do jardim de infância soubesse.

O tempo passou e os amigos acabaram se distanciando em função dos rumos de suas vidas.

Anos mais tarde, assistindo à TV, Marcelo fica surpreso ao ver Thiago, o amigo de infância, envolvido em um grande esquema de corrupção. Choca-se ainda mais quando, dias depois, lendo uma matéria sobre o assunto, descobre que o pai de Thiago estava muito abalado com o que acontecera e, em entrevista concedida, dizia que se esforçara ao longo da vida para pagar os melhores colégios para o filho, mas que agora se sentia desapontado pelos atos que Thiago cometera.

Lamentando o ocorrido, Marcelo, pensativo, compara o constrangimento por que passara na infância, perante o gerente do mercado, com a situação que seu amigo agora experimentava. Valoriza a atitude de seus pais em relação à maçã furtada e toda atenção e orientações que sempre dispensaram a ele.

Investir tempo nas pessoas e orientá-las com o coração é priorizar as coisas de Deus.

Há acontecimentos que nos marcam para sempre, podendo nos ser úteis como referências em diversos momentos ao longo da vida. Muitos deles decorrem de ações simples, desencadeadas através de orientações e correções praticadas por quem quer o nosso bem. Às vezes, essas ações são difíceis de ser tomadas, mas, se permeadas de amor, ainda que duras, provocam bem eterno.

Temos de saber priorizar as coisas de Deus, dando atenção às pessoas ao nosso redor, ajudando-as a seguirem o caminho correto. Muitas vezes, por conveniência, ou a pretexto de falta de tempo, deixamos de dar a devida atenção às pessoas, inclusive às que mais amamos. Não podemos encarar a dedicação às pessoas como perda de tempo, mas sim como precioso investimento.

Muitas são as crianças que, mais do que bens materiais, gostariam da atenção de seus pais, de se sentirem verdadeiramente importantes para eles. O distanciamento dos pais e a indiferença acerca de pequenos desvios dos filhos podem gerar danosas tribulações mais à frente.

Ele deixou de novo as fronteiras de Tiro e foi por Sidônia ao mar da Galileia, no meio do território da Decápole. Ora, apresentaram-lhe um surdo-mudo, rogando-lhe que lhe impusesse a mão. Jesus tomou-o à parte dentre o povo, pôs-lhe os dedos nos ouvidos e tocou-lhe a língua com saliva. E levantou os olhos ao céu, deu um suspiro e disse-lhe: "Éfata!", que quer dizer "abre-te!". No mesmo instante os ouvidos se lhe abriram, a prisão da língua se lhe desfez e ele falava perfeitamente (Mc 7,31-35).

Jesus, mais do que soltar a língua de uma pessoa que falava com dificuldade, soltou o próprio coração dela, pois investiu tempo, mostrando que tinha paciência e se preocupava com ela. Mais do que resolver o problema de comunicação dela, Jesus quis mostrar o quanto ela era importante para ele.

Quantas pessoas ressentem-se de falta de atenção! Necessitam de alguém que lhes mostre que são importantes, que lhes oriente a seguir pelo caminho correto.

Eu vos mandarei o Prometido de meu Pai; entretanto, permanecei na cidade, até que sejais revestidos da força do alto (Lc 24,49).

Jesus recomendou aos apóstolos que, antes que saíssem pelo mundo anunciando a Boa-Nova, aguardassem pela ação e inspiração do Espírito Santo.

Nossas ações serão mais eficazes na medida em que pedirmos ao Espírito Santo para tomar conta delas, sendo inspirados pela força do mesmo Espírito. Peça a ele que esteja no controle de suas ações, indicando-lhe a forma correta de agir.

Ajudar as pessoas através de orientações oriundas do coração é motivo de alegria para Deus. Por vezes, ficamos reticentes acerca da forma como o outro poderá reagir, até mesmo nos questionando sobre o que ele poderá pensar de nós. Nesses momentos devemos buscar primeiro a orientação do Espírito Santo para encontrarmos a melhor forma de proceder. Se nossa intenção for boa e mantivermo-nos nos limites do respeito, sigamos em frente, pois temos boas chances de ajudar.

Pequenos problemas, se não tratados no momento e da forma correta, vão se acumulando e podem se tornar muito maiores. Uma repreensão feita com amor no momento oportuno pode gerar dor momentânea, mas previne prolongadas decepções.

Que as responsabilidades que Deus coloca em suas mãos, de forma especial as pessoas que ele confia a você, sejam de fato prioridades em sua vida.

11

O músico

(Em Madri, Espanha)

Palavras-chave: Saber ouvir, Agitação, Percepção

*M*adri, dez da manhã de sexta-feira. Gonzalo, de terno e gravata, se desloca a passos rápidos pelas calçadas do Museu do Prado, rumo à estação de Atocha, e mais apressado ainda desce as escadas da estação; afinal, fora convocado havia quinze minutos para participar de reunião com a gerência da equipe de vendas, pois a diretoria comercial revisara e estabelecera novas metas bimestrais.

O grande movimento de pessoas impressiona os menos acostumados. O som do alto-falante e o vaivém da multidão, somados a diversas conversas ao celular, quase abafam por completo o som de alguns músicos que por lá eventualmente tocam seus instrumentos, buscando mostrar sua arte e obter algum rendimento.

Gonzalo chega a tempo na reunião. Tem um dia de muitos afazeres, mas felizmente, ao final do dia, consegue relaxar com colegas num *happy hour*[4] em um dos elegantes bares nos arredores da Plaza Mayor.

Depois de algumas taças de vinho e de muito prosear com os colegas, Gonzalo, com sentimento de dever cumprido, sente-se ainda mais satisfeito porque no dia seguinte, à noite, se encontraria com a prima Carol, que àquela hora já deveria estar saindo de Pontevedra, na Galícia, rumo a Madri.

Gonzalo estava entusiasmado por reencontrar sua prima, pois Carol vinha de forma especial para assistir a um concerto no Teatro Real, onde haveria apresentação da Orquestra Sinfônica de Madri, com participação especial do renomado violinista Rafaelle, cujas interpretações Carol curtia bastante.

Gonzalo caprichara no papel de anfitrião da prima. Comprara ingressos das cadeiras mais bem localizadas nos balcões do teatro. Chegando lá, Carol mal podia acreditar que assistiria a uma apresentação de Rafaelle de uma localização tão privilegiada como aquela que o primo lhe proporcionara.

As imponentes cortinas do palco começam a ser abertas e o concerto tem início. O público se encanta com

---

[4] *Happy hour:* momento após expediente em que colegas de trabalho reúnem-se para confraternização.

a beleza do teatro e com a qualidade da apresentação. Gonzalo chega a se emocionar quando, em número solo, Rafaelle executa Granada. Foi mágico! O som produzido por Rafaelle docemente se deslocava dos ouvidos para o coração do rapaz.

O belíssimo concerto chegou ao fim e o final de semana continuou animado, com os primos aproveitando os diversos atrativos daquela histórica cidade.

Na segunda-feira, Carol e Gonzalo vão juntos para a estação de Atocha: o primo, para tomar o metrô e dar início a mais uma semana de trabalho, e Carol para embarcar no trem de volta à Galícia.

Ao descerem as escadas da estação, Carol para repentinamente e segura Gonzalo pelo braço. Gonzalo, sem entender o que se passa, pergunta à prima o que aconteceu, e Carol responde: "Ouça essa música. Rafaelle está tocando!". Gonzalo dá uma ligeira risada e diz em meio a um sorriso: "Acho que você não conhece Rafaelle tão bem assim. Quem está tocando é um desses músicos de rua. Ele tocou aqui durante toda a semana passada". Carol insiste: "Não, quem está tocando é Rafaelle; não tenho dúvida".

Aproximam-se então do músico, que traja longo sobretudo, óculos escuros e boné. Naquele momento ele inicia Granada. Gonzalo fecha os olhos e experimenta apreciar o som. Percebe que a mesma emoção que sentira no teatro já começa a envolvê-lo. Com olhos marejados de lágrimas, Gonzalo agora também já não tem dúvidas: ali está Rafaelle numa *performance* perfeita, exatamente como aquela de dois dias atrás.

Abrindo um simpático sorriso, já tendo percebido que o casal o reconhecera, Rafaelle cumprimenta-os com forte abraço, envolvendo os primos de uma só vez.

Diz que, para satisfazer uma curiosidade antiga, resolvera aproveitar sua turnê pela Espanha e tocar naquela movimentada estação. Assim, poderia avaliar a percepção das pessoas ouvindo-o tocar fora de um grande teatro. Salienta que, durante mais de uma semana, excetuando-se algumas pessoas de bom coração que eventualmente depositavam moedas no estojo de seu *Stradivarius*,[5] aquela era a primeira vez que alguém dera real importância à sua música naquele ambiente.

Precisamos saber ouvir a voz de Deus mesmo diante do barulho que o mundo pode fazer.

---

[5] *Stradivarius:* tradicional marca de violino.

Por vezes, a agitação do nosso cotidiano impede que consigamos observar tanta coisa maravilhosa acontecendo ao nosso redor. Entramos num clima de pressa e barulho quase permanentes que nos deixa meio que surdos e cegos para a beleza do que Deus preparou para nós.

Às vezes, tudo poderia se dar de forma mais leve e produtiva se, independentemente de ambientes agitados, mantivéssemos a serenidade. Ter um coração sereno, que sabe valorizar as belezas de Deus, ajuda-nos a levar nosso dia a dia de forma mais leve e produtiva, contribuindo para aumentar a eficácia e satisfação naquilo que fazemos.

Conseguir perceber o que se passa a nossa volta, ajuda-nos a ser mais úteis para as pessoas e para nós próprios.

> Estando Jesus em viagem, entrou numa aldeia, onde uma mulher, chamada Marta, o recebeu em sua casa. Tinha ela uma irmã por nome Maria, que se assentou aos pés do Senhor para ouvi-lo falar. Marta, toda preocupada na lida da casa, veio a Jesus e disse: "Senhor, não te importas que minha irmã me deixe só a servir? Dize-lhe que me ajude". Respondeu-lhe o Senhor: "Marta, Marta, andas muito inquieta e te preocupas com muitas coisas;

no entanto, uma só coisa é necessária; Maria escolheu a boa parte, que lhe não será tirada" (Lc 10,38-42).

Na casa de amigos, Jesus diz para uma das amigas que ela andava muito inquieta e preocupada, salientando que, no entanto, somente uma coisa era necessária: estar na presença dele, ouvindo o que ele diz.

Como seria bom se também nós, diante das tantas perturbações do mundo, soubéssemos sempre nos colocar na presença de Jesus, ouvindo o que ele tem a nos dizer!

A felicidade que tanto buscamos pode estar tão próxima, mas nossas agitações muitas vezes não nos permitem enxergá-la e acabamos nos privando involuntariamente dela. Deixamo-nos levar por uma rotina de inquietude e preocupação que o mundo nos faz parecer normal, mas que nos priva de aproveitar tantas coisas verdadeiramente importantes à vida. Confunde-se prioridade com pressa; dinamismo com agitação; diálogos com gritos.

Que, mesmo em meio às preocupações e inquietações do mundo, você possa sempre escolher a melhor parte: perceber a presença de Jesus, ouvindo sua voz e fazendo o que ele diz.

Uma palavra a mais

Talvez você já tenha se sentido cansado, como se estivesse remando contra uma forte correnteza de água insalubre, contaminada por corrupções dos mais variados tipos, falta de ética e de compromisso com o próximo.

Remar contra a correnteza cansa, é verdade, mas isso não pode nos desanimar. Não podemos desistir! Nesse barco, há remo para todos que quiserem se juntar à luta pelo bem através do bem.

Pode ser, ainda, que você esteja boiando nesse rio, deixando-se levar pela correnteza, ou até mesmo remando a favor dela, convencido pelos argumentos maliciosos do mundo de que tantos atentados contra a dignidade humana, que temos testemunhado todos os dias, são normais, que devem ser aceitos com naturalidade, pois fazem parte da evolução da sociedade. Isso não é verdade!

Talvez ache que para você não tem mais jeito, sentindo-se sufocado por repetidos erros, não se julgando mais merecedor das bênçãos de Deus e dos planos dele para sua vida. Neste momento, não importa se já foram muitas as decisões erradas que você tomou. O importante é que agora você pode tomar a decisão certa: abrir seu coração para Jesus e fazer o que ele diz!

Sozinhos, podemos nos achar fracos para remar contra a correnteza, que parece tão forte, mas Jesus, que é ainda mais forte, rema conosco. Ele nos deixou uma mensagem encorajadora, poderosa o suficiente para não desistirmos nunca:

> Eis que estou convosco todos os dias, até o fim do mundo (Mt 28,20).

Jesus disse que está – exatamente agora – juntinho de nós, sabendo de tudo o que nos acontece, e que não nos abandonará nunca!

Ele está nesse barco conosco! Sabe de todos os nossos erros, das nossas fraquezas, dificuldades e limitações, mas sabe também do nosso valor, e continua querendo contar conosco para ser e espalhar sua luz pelo mundo.

Escancare as portas do seu coração para Jesus. Ouça e faça o que ele diz!

Que a luz de Cristo esteja sempre incandescente no seu coração e que você a faça brilhar intensamente por sobre todos aqueles que se aproximarem de você.

Rua Dona Inácia Uchoa, 62
04110-020 – São Paulo – SP (Brasil)
Tel.: (11) 2125-3500
http://www.paulinas.com.br / editora@paulinas.com.br
Telemarketing e SAC: 0800-7010081